# 힘내라, 얍!

짧은 글에서 얻는 행복한 깨우침

# 힘내라, 얍!

남불 지음

비움과소통

## 책을 펴내며

대학 4학년 때의 일이다. 졸업을 코앞에 둔 마지막 학기였다. 사법시험 1차라도 붙어 볼 요량으로 휴학하기로 했다. 법대 행정과로 가서 휴학하겠다고 하니 처리 기간이 이미 지났다고 했다. 나는 고집을 피웠다. 그렇게 간신히 휴학을 접수하고 고향인 청주로 내려왔다.

시험공부를 시작한 지 3일째 되는 날이었다. 그날은 며칠을 고민하다 형법 책을 바꾼 날이기도 했다. 하지만 예기치 못했던 불행이 찾아오고 있었으니, 생각만 해도 끔찍한 일이 벌어지고 말았다. 길가에 주차되어 있는 트럭을 피해 도로를 건너가다 내려오는 자동차에 허리를 심하게 부딪친 것이다. 공중에 크게 한 번 떠올랐다가 그대로 길바닥으로 곤두박질쳤다. 그나마 머리를 보호하려고 낙법을 써서 머리를 상하지 않아 천만다행이었다. 고려대학교 유도부원으로 활동할 때 훈련을 통해 낙법을 몸에 익힌 덕분이었다. 그러나 몸뚱이는 이미 말이 아니었다. 두 손의 살점은 다 떨어져 나가고 어깨 한쪽이 움푹 패었다. 무려 8개월의 병원 신세!

졸업을 목전에 앞두고 크게 다치고 보니 눈앞이 캄캄했다. 나는 대학 시절 틈틈이 익혀 둔 마인드컨트롤을 동원하여 수없이 생각을 바꾸려 애썼다. 그러나 교통사고와 이어진 시련으로 나는 한동안 정처 없이 방황을 해야만 했다.

어느 날, 우연히 접한 책 한 권이 마음의 평정을 가져다주었다.

'그래, 이 모든 게 다 내 탓이야.'

세상을 향해 울분을 토하던 병상에서의 그 지루한 답답함이 한 생각 바꾸니 사라지고, 다시 힘이 생겨났다. 하지만 허리의 고질병은 이후 두고두고 나를 괴롭혔으며, 간혹 두 다리를 꼼짝 못하게 할 정도로 육체적인 후유증을 남겼다.

교통사고 후유증은 예상보다 심각했다. 준비하던 사법시험은 당연히 물 건너간 일이 되었다. 사법시험을 내려놓고 삼성에 입사하여 잠시 근무를 했다. 삼성에 다니던 기억은 온통 야구장에서의 장면뿐이다. 잠실 운동장에서 삼성 라이온즈와 지금은 없어진 해태 타이거스의 경기 한국시리즈 5차전에서 삼성의 응원단장을 맡아 목청껏 응원하던 순간이 화려하게 떠오른다. 하지만, 그때 야구시합은 삼성이 졌고, 얼마 후 나는 무작정 사표를 던졌다.

회사를 사직하고 보름 동안 무얼 할까 생각했다. 그리고 오랜 고민 끝에 학원을 운영하기로 결심했다. 서울은 돈이 부족해서 안 되고, 결국 부천의 한 공장지대에서 23평짜리 학원을 인수하여 아이들을 가르치게 되었다. 교통사고 보상금으로 받은 1천만 원이 밑천이었다. 나는 학원 운영에 엄청난 열정을 쏟아 부었다. 다행히 아이들도 잘 따라주었다. 그리고 이 무렵, 나는 지금의 아내를 만나 결혼을 했다. 손에 절대 물 안 묻히게 해주겠다고 했지만, 이 벌건 거짓말 때문에 아직도 그저 미안할 뿐이다.

부천에서 그럭저럭 잘나가던 학원을 접게 된 것은 IMF 후폭풍 덕이었다. 그 끔찍한 경제파동을 겪으며 동네의 절반이 사라지고 말았다. 설상가상으로 학원 건물 지하에서 불이 나는 등 우환이 겹쳤고, 나는 그만 모든 것을 접고 고향 청주로 내려오게 되었다.

고향에 돌아와 '중산(中山) 인성개발원'이라는 최면을 통한 심리 클리닉을 개설했다. 충청북도에 단 하나뿐인 독점사업이었지만 손님은 그다지 많지 않았다. 2년 동안 꾸준히 노력했지만 50만 원에서 80만 원쯤 아내에게 건네주는 정도였다. 한 달 생활비치고는 형편없이 부족했다. 이 무렵 충북대학교 평생교육원에서 마인드 컨트롤 과목을 개설하여 5학기를 수업하고, 서원대학교에서도 최면 교과를 개설해 강의를 하게 되었다. 그러던 어느 날 집사람은 아들 녀석의 유치원비 15만 원이 없다고 심각하게 말했다. 참 무

## 오늘도 웃으며 삽니다

# 목차

## 짧은 글 긴 여운

던한 사람이다. 나는 사무실을 접었다.

올해 들어 집사람에게 선언했다. 그동안 월 150만 원 목표를 허물고 맘고생은 그만 시키겠노라고 말이다. 마음이란 참 오묘해서 된다고 생각할 때는 빛을 발하지만 안 된다고 생각할 때는 금세 어두워지는 습성이 있다. 생각 하나의 차이가 태양도 되고, 먹장구름도 되는 것이다.

필자의 체험이 특히 어려운 처지에 있는 분들에게 힘이 되었으면 하는 바람이다. 묵묵히 인고의 세월을 견디며 함께해준 아내 김희경에게 고맙다는 말씀 드린다. 또한 늘 "형님" 하면서 찾아주는 대한민국 제1호 한의철학박사 정우진 아우와, 공장에서 묵묵히 일하면서도 공부심을 잃지 않는 벗 최상영, 늦은 나이에도 만학에 땀 흘리는 정봉수 선배님께도 고마움을 전한다.

또한 아직 얼굴 한 번 뵌 적 없지만, 페이스북에서 인연이 되어 졸고(拙稿)를 이쁘게 가다듬어 준 비움과소통 출판사 김성우 대표님께 두 손 모은다.

2012년 9월 한가위에

남불 두 손 모아

저를 세상에서 가장 짧은 시를 지은
시인이라 불러 주세요.

# 짧은 글
# 긴 여운

# 오만 가지
# 생각의 방식

사람들은 각기 다른 생각을 오만 가지나 하지만
그 방식은 두 가지뿐입니다.

첫 번째는 비행기를 만드는 사고방식
비행기는 뜹니다. 적극적인 사고방식입니다.

두 번째는 낙하산을 만드는 사고방식
낙하산은 떨어집니다. 부정적인 사고방식입니다.

당신은 어떤 사고방식으로 살고 계십니까?

# 108 번뇌

"무슨 생각을 하고 계신가요?"

페이스북 상태 업데이트에 늘 떠 있는 어구입니다.

보통 성인들이 하루에 몇 번 정도 생각을 할까요?

미국의 심리학자 쉐드 헴스테드에 의하면 무려 5만 번에서 6만 번이나 생각한다고 합니다.

옛사람들이 '오만 가지 생각' 운운하신 것이 대단하다 할 것입니다.

그럼 이런 수많은 생각 중에 긍정적인 생각은 어느 정도나 할까요?

불과 25% 정도만 긍정적인 생각을 하고, 75%는 부정적인 생각을 한다는 실험 결과가 있습니다.

결국 자기가 만든 생각의 굴레에 자기가 갇힌 꼴이 되고 맙니다.

스스로의 심리적 감옥에서 이리저리 헤매게 되는 것입니다.

108 번뇌라는 것도 자기 마음의 장난이요, 한 생각 일으킨 탓이니, 번민과 고민이 일 때마다 스스로를 살피는 일이 요긴할 것입니다.

# 생각의 감옥

현대인의 가장 큰 문제는

자기 자신이 만든 심리적 감옥에

자기 스스로 가두고도

그 사실을 망각하는 데 있다.

# 추우면
# 이빼지는 얼굴들

날이 몹시 추우니 길거리 사람들이 옷깃을 동여매고 추위와 한판 하느라 얼굴이 환합니다. 잡생각이 일어나지 않는 까닭이지요.

한 생각 일어나지 않음이 얼굴을 밝게 만드는 듯합니다.

가끔은 추울 만도 합니다.

# 세상을 바라보는 두 가지 방식

하나는 세상은 아름답다고 보는 시각입니다.

아무리 정치가 어지럽고, 경제가 나락으로 떨어진다손 치더라도 아직 우리 사회는 건재하며, 아름다운 사람들이 함께한다는 방식입니다.

또 다른 하나는 세상은 썩을 대로 썩었고, 구린내가 진동하며, 너 나 할 것 없이 이기적이어서 사람들 또한 마찬가지라고 보는 시각입니다.

하지만 1000 대 1의 법칙처럼
남보다는 나를 1000배는 더 좋아하는 것이 인지상정입니다.

아프리카 소말리아의 굶어죽는 어린아이 소식보다는

내 발톱의 아픔이 더 크게 느껴지는 것이 이러한 까닭입니다.

그래도 이왕지사 아름다운 사람들이 함께한다는 믿음이 우리 사회, 나아가 인류 전체를 아름답게 변화시키지 않을까 생각합니다.

# 나는 무엇인가?

무수히 고민해 왔던 문제가 하나 있습니다.

"나는 무엇인가?"

답을 하나 알아냈습니다.

"인칭대명사!"

# 아,
# 마음이여!

사랑과 증오.
애증이야말로 우리네 인간사를 대변하는 말입니다.
사랑할 때 그 마음은 넓고 넓어서 온 우주를 품지만
틀어지면 오죽 바늘귀 하나 꽂을 틈이 없다 했을까요.

애증의 뿌리는 본래로 하나라.
사랑의 강도가 클수록 증오의 강도도 커지니
간사할손 우리네 마음.
마음이라 마음하는 그 마음이여!
찾기가 어렵구나…

# 꿈 그리고 마음

"I offer a dream, not just a dream, a possible dream. What am I?"

나는 꿈을 제공한다. 단지 꿈만이 아닌 실현 가능한 꿈을….

"나는 무엇일까?"

우리는 늘 꿈을 꾼다. 소박한 꿈에서 아기자기한 꿈, 그리고 원대한 꿈까지…. 어떤 꿈은 단지 꿈만으로 끝나고 또 어떤 꿈은 현실로 활짝 꽃피우게 된다.

자, 그럼 나는 무엇일까? 답은 바로 '마음'이다.

씨앗을 땅에 뿌리면 꽃이 피어나듯, 꿈을 마음 밭에 잘 뿌리면 꿈의 열매가 열린다.

그렇다면 마음은 무엇인가?

심심심난가심(心心心難可尋)이라, 마음이라 마음하는 그 마음이여, 찾을 수가 없구나!

달걀을 보라. 눈 코 귀 없이 둥글둥글해 아무 지각도 없어 보이는데 따뜻한 곳에 두면 '꼬끼오' 하고 우는 물건이 그 속에서 나오지 않는가?

매알이 비록 작으나 그 속에서 송골매가 나오고, 솔씨가 비록 작으나 낙락장송이 거기에서 나오듯, 알로 있을 때 보면 무정한 물건 같으나 이렇듯 당당하게 박차고 나오는 산 물건이 아니던가. 우리네 마음도 이와 같은 것이다.

바야흐로 인터넷의 시대다. 물질문명의 발달이 전 세계를 하나로 연결시키고 있다. 허나 정말로 중요한 인터넷은 바로 우주와의 인터넷이 아닐까 한다.

이제 마음이 무엇인가를 깨닫고, 우주와 한 방에 인터넷할 수 있는 문제를 던져 보기로 한다.

학인 하나가 운문선사를 찾아 질문을 던졌다.

"한 생각 일으키면 죄가 된다 하시니, 그렇다면 한 생각도 일으키지 않으면 어떻습니까?"

"수미산!"

죄가 수미산처럼 크다는 것이다. 한 생각도 일으키지 않으면 죄가 없을 터인데, 어째서 죄가 크다 했는지 고인의 속뜻을 살펴볼 일이다. 혹 알겠는가? 마음 밖에 마음 없는 한 소식을 하게 될지.

# 관계

사람들 사이에서 가장 힘든 것 중의 하나가 바로 이 관계가 아닐까 합니다.

멀리서 보면 아름답게만 보이지만

가까이에서 지켜보면 온갖 안 좋은 모습이 보이니 실망할 수밖에요.

불가근불가원(不可近不可遠)이라는 말이 있습니다.

멀지도 가깝지도 않게…

진정한 친구 관계를 떠올려 봅니다.

어떤 틀이 없이 서로를 바라보는 관계.

기브 앤 테이크 식 관계가 아니라 먼발치에서도 지켜봐 주는 것.

하여 만났을 때 어색함이 없는 관계라야 할 것입니다.

가깝지도 멀지도 않게 사귀라는 말은 쉽지만
중용의 관계를 유지하는 것은 그리 쉬운 대목이 아닐 듯합니다.
부딪히며 치열하게 살아가는 우리네 삶 속에선 말이죠.

# 흉몽과 길몽

아이들은 아이들만의 세상이 있습니다.

부모님들이 못다 이룬 꿈을 그네들에게 강요하면 그야말로 흉몽이 될 것입니다.

아이는 아이대로 무엇인가를 하러 지구라는 별에 왔습니다.

아이들은 아이들의 꿈을 꿀 권리가 있습니다.

아이들이 자신의 꿈을 꿀 수 있게 지켜봐 줄 때

아이들의 소중한 꿈이 영글지 않나 생각해 봅니다.

아이들 자신의 꿈을 꾸게 도와주세요.

# 있는 그대로

사람들은 각각 자기만의 세계가 있습니다.

자기가 보는 눈으로 세상을 살아갑니다.

부모 자식 간이라도 내 뜻대로 안 되는 까닭입니다.

그러니 있는 그대로 존중해 주는 바탕에서 실마리를 풀어야 하지 않을까요?

# 사람
# 그 자체로

사람을 대할 때, 그냥 사람 자체로만 보아야 한다.

사상이라든가, 귀천, 권력의 유무, 종교의 차이는 아무런 장애가 되지 않는다는 견해를 가지고 만나야 할 것이다.

사람 냄새가 폴폴 날 때,
사람을 만난 즐거움도 그 자리에서 꽃 피지 않겠는가!

# 이혼 전문 변호사의 이혼 상담

타 지역에 사는 잘 모르는 변호사 한 분이, 어느 변호사님의 소개로 저를 찾아 온 적이 있습니다. 부인이 이혼을 요구하고 있다는 것입니다. 자기가 이혼 전문 변호사인데 말이죠.

자그마한 선술집에서 그의 얘기를 들어 주다 이야기가 길어져 또 누추한 저의 집에서 한참 얘기를 나누었습니다.

그리고는 다음 날 아침밥 먹여 터미널까지 모셔다 드린 적이 있지요.

차에서 내리는 그 분께 제가 한 마디 던졌습니다.

"You must be born again!"

당신은 거듭나야 한다고요.

# 인생 최대의 행복

우리가 공기의 소중함을 모르듯

부부도 같이 있을 때는 잘 모르다가 한쪽이 되면 그 소중하고 귀함을 절실히 느낀다고 합니다.

가까우면서도 멀고, 먼 듯하면서도 가까운 사이가 바로 부부 관계인 듯합니다.

젊은 시절엔 사랑하기 위해 살고

나이가 들면 살기 위해 사랑한다고 합니다.

인생 최대의 행복은 부도, 명예도 아닐 것입니다.

사는 날 동안 지나침도 모자람도 없는 그런 사랑을 나누다가

"난 당신 만나 행복했소."라고 말하며

둘이 함께 눈을 감을 수만 있다면 그 얼마나 아름다운 부부일

까요?

오늘 만큼은, 아니 내일도 부부간에 사랑이 가득하기를 바랍니다.

# 오해

많은 사람들이 사소한 일로 인해 가슴 아파 합니다.

오해가 증폭되어 상처 입고 서로가 불편해지는 상황이 곧잘 벌어지는 것 같습니다.

결국은 자신의 입장에서 결론을 내리기에 평행선을 달리는 것이 아닐까요?

바라보는 각도가 서로 다르기에 빚어지는 상황은 우리 모두에게 아픔을 안깁니다.

직접 만나 서로 간의 상황을 이해하면 어떨까 합니다.

좀 더 한 발짝 다가설 때 봄철 눈 녹듯 오해는 녹지 않을까 합니다.

오늘은 오해 쌓인 분들 간에 화해하는 날이 되면 참 좋을 듯합니다.

알고 보면 다 좋은, 소중한 분들입니다.

# 소통

소통의 사전적 의미

① 막히지 아니하고 잘 통함

② 뜻이 서로 통하여 오해가 없음

진정한 소통은 무엇일까요?

아마도 머리가 아닌 가슴에서 나오는 것이 아닐까 합니다.

적어도 앞에 마주한 분과 눈과 눈을 맞추는 것!

지금 여기서 온전히 상대방과 하나 되는 것!

# 말 없는 말

번드르르한 말과, 말 없는 말.

속마음을 감추고 겉으로만 미안하다고 하는 말과, 진짜 미안해서 얼굴 빨개지며 머리만 긁고 말 한마디 못해도 우리는 안다.

비록 말은 없지만 말 없는 가운데 참말을 전하는 것이다.

말이 넘쳐흐르는 이 시대
때론 말 없는 참말을 듣고 싶다.

# 한 번의 포옹

한 번의 포옹이 수천 마디의 말보다 더 많은 것을 말해 줍니다.

포옹에 익숙하지 않더라도 누군가를 안아 보십시오.
따뜻한 포옹을 필요로 하는 사람이라면 더할 나위 없습니다.

당신이 있어 기쁘다는 것을 말뿐만 아니라 행동으로 보여 주십시오.
그것은 상대방은 물론 당신의 영혼에도 좋은 일입니다.

포옹은 얼싸안는다는 뜻입니다.
얼을 감싸 안는다는 뜻이 포함되어 있지요.
가슴뿐 아니라 그의 영혼까지 감싸 안는 것입니다.

처음에는 누구나 쑥스러워 합니다.

그러나 자꾸 하다 보면 얼싸안는 그 따뜻함의 힘을 온몸으로 느끼게 됩니다.

한 번의 포옹이 사람의 운명을 바꾸고 기적을 일으킬 수 있습니다.

# 스마트폰 유감

요즘 풍속도가 많이 바뀐 듯합니다.
처음에 사람들이 만나면
악수도 하고, 안부 몇 마디 묻다가
이내 스마트폰을 꺼내 듭니다.
앞에 있는 사람과 소통하기보다
넷 상의 사람들과 소통이 편한 탓일까요?

정작 중요한 사람은
바로 당신 옆에
혹은 앞에 있는 분이 아닐까 합니다.

소통을 위한 소통.
많은 것을 놓치고 있다는 생각이 듭니다.

# 눈앞의 풍경

몇 년 전만 해도 전철이나 버스 안에서 신문이나 책을 읽는 풍경이 자주 보였습니다.

지금은 자그마한 스마트폰이나 아이패드 등이 그 자리를 메꾸고 있지요.

길을 걸으면서도 눈앞의 풍경을 놓친 채 SNS를 위시한 손 안에 펼쳐진 세계에 매몰되는 것 같습니다.

점점 사람 냄새를 잃어 가는 것 같아 옛 풍경이 오히려 그리운 오늘입니다.

# 페이스북

페이스북 사용자가 우리나라에서 500만 명을 돌파한 가운데
점점 더 많은 사람들이 SNS의 세계 속으로 유입되고 있습니다.

트위터가 10대와 20대 용이라면
페이스북은 20대에서 50대 용이겠지요.

친구맺기를 하게 되면 좋아요를 마구 누르는 경향이 있습니다.
페북 친구의 속성상 상대방도 좋아요를 누르게 되지요.

하지만 좋아요를 누른다고 페북 친구가 많아졌다고
진정한 마음의 소통이 이루어질까요?

페북에는 좋아요만 있답니다.

# 느리게 사는 삶

문명은 인류에게 속도와 정밀성, 세계화를 가져다주었지만 정작 우리 자신은 많은 것을 잃고 있는지도 모릅니다.

앞만 보고 달려가는 바쁜 우리네 삶 속에서 잠시 한 호흡 멈추고 천천히 느리게 가보는 건 어떨까 합니다.

파스칼은 현대인들의 가장 큰 병폐가 방 안에 홀로 앉아 있지 못하는 것이라고 했습니다.

느리게 사는 삶이 어쩌면 답답해 보일지도 모릅니다.

하지만 우리는 너무나 큰 것을 놓치고 사는 것은 아닐는지요?

손으로 쓴 편지와 유선 전화를 기다리던 여유가 오히려 그립습니다.

# 결국은 사람이다

하루가 살같이 지나간다.
다양한 분야에서
다양한 사람들이
다양한 일을 하고 있다.

언제나 사람들과의 만남은
새롭다.
오프라인이든
온라인이든
사람들은 다 거기서 거기다.

애정을 가지고
귀 기울여 얘기 들어주는 걸
사람들은 가장 좋아한다.

동시대를 살아가는 우리들.
얼마나 소중한 사람들인가.
서로가 가슴을 연다면

결국은 사람인 게다.

# Don't worry, Be happy!

얼마 전에는 제주도에 사는 사촌 동생 하나가 청주로 찾아왔다. 이종사촌인데 우리 아버님이 이름을 지어 주었고, 동생 아들 이름을 또 내가 지었으니 2대에 걸쳐 이름을 지어 준 묘한 인연이 있다. 아내와의 불화로 착잡하던 차에 회사 일도 엄청난 스트레스가 되어 바람이나 쐰다고 회사 출근길에 비행기 타고 훌쩍 날아온 것이다.

가정의 평화가 곧 우주의 평화라고 생각하기에 회사는 때려치울 수 있지만, 가정만큼은 꼭 지키라는 말을 해주었다. 그리고 어려운 순간은 곧 지나간다는 말로 위로해 주었는데 얼마만큼 새겼을지는 모르겠다.

사람은 누구나 곤경에 처하면 자신만이 가장 외로운 사람이라고 느끼게 된다. 특히 기혼자의 경우, 배우자와의 불화는 그야말로 전쟁과도 같은 스트레스로 작용한다.

그 친구에게 이런 말을 해준 것이 떠오른다.

"마누라와 백 번 싸워 백 번 먼저 내가 사과했네. 네가 먼저 사과하면 아마도 잘 해결될 거야."

사과를 먼저 하는 자가 되기는 쉽지 않은 일이다. 하지만 진다고 결코 지는 것이 아니니 백 번, 아니 천 번이라도 먼저 사과하는 사람이 되었으면 좋겠다.

비단 가정뿐만 아니라, 우리 사회에 점점 물질주의가 확산되면서 오히려 많은 것을 놓치고 있는 것 같아 참으로 안타깝다.

모두가 각자의 직분에 충실해야겠다. 아빠로서, 엄마로서, 학생으로서, 또한 그 누구로서. 그리하여 나부터, 우리 가정부터 행복해지고, 우리 공동체에 웃음꽃이 만발하기를 간절히 소망한다. 그런 의미에서 세상에서 두 번째로 짧은 시를 하나 소개해 본다.

제목 : 불행의 시작

비 교

들판에 핀 이름 모를 꽃이 아름다운 까닭은 뽐내려 하지 않기 때문이 아닐까. 남과 비교하지 않고 당당히 삶을 헤쳐 나갈 때 행복한 인생을 영위하리라 본다.

단순히 상황을 지켜보면, 넓은 바다에 잠시 파도가 일렁일 뿐이다. 우리네 인생이 가는 길이 순풍에 돛을 단 듯 순탄할 때든, 아니면 역풍이 불어 힘겨울 때든 마음먹기에 달린 것이 아닌가 한다.

비록 물질적인 삶은 넉넉지 않으나, 마음 살림을 넉넉하게 쓰는 삶을 살고자 한다.

# 살자

무릇 생명이란 우주와도 맞바꾸지 못할 정도로 소중한 것입니다.

존재계의 모든 생명체들이 귀한 것은 그들이 살아 꿈틀거리기에 서로 소중한 존재가 되는 것입니다.

나날이 생명의 가치가 흐려져만 가는 오늘의 세태!

'자살'을 거꾸로 읽으면 '살자'가 됩니다.

한 생각 바꾼다면 이 세상도 살 만한 세상이 됩니다.

# 아침에 눈 뜨며

아침에 눈을 뜨며

눈을 뜨고 있음을 바라봅니다.

오늘 살아 있음을 감사히 여기며 호흡을 합니다.

순간순간 깨어 있으려 합니다.

# 자신감의 다른 말

자신감이란 집중의 다른 말 같습니다.

먹종이를 태우려면 크기에 관계없이 볼록렌즈를 고정시켜야 가능하지요.

집중하게 되면 무엇이든 할 수 있게 된다고 봅니다.

그리고 자기 자신 안에 이미 모든 것이 구비되어 있습니다.

# 화려한 옷과 장신구

포장이 화려할수록

내면은 초라할 수 있습니다.

# 잠재의식의 비밀

콩 심은 데 콩 나고
팔 심은 데 팥 난다고 합니다.

땅은 콩과 팥을 구별하지 않고 싹을 틔웁니다.

우리의 잠재의식도 그와 같아서
좋은 생각을 하면 좋은 결과를 만들어 내고
나쁜 생각을 하면 나쁜 결과를 만들어 냅니다.

# 하하하

오늘은 그냥 하하하 웃어 보세요.

그냥 웃어도 두뇌는 잘 몰라 90%의 위약 효과가 있다고 합니다.

행복해서 웃는 게 아니라

웃어서 행복합니다.

오늘은 분명 멋진 일이 일어날 겁니다.

# 바다 같은 사랑

동쪽에서 뜨는 해는 동해

서쪽에서 뜨는 해는 서해

매일 아침 나에게 뜨는 해는

사랑해~

# 나는 날마다 좋아지고 있다

부천에서 학원을 할 때의 일입니다.
그때 중학교 1학년 되는 학생들에게 물었지요.

"여러분! 공부 잘하고 싶나?"

당연히 애들은 그렇다고 합니다. 그래서 다시 물었습니다.

"공부 잘하는 방법 알려줄 테니 그대로 할 사람 손들어 봐."

열다섯 명 정도 되는 아이들이 모두 손을 듭니다.
한 달이 지난 후 다시 물었습니다.

"내가 시킨 것을 하는 사람?"

손을 든 아이들이 절반으로 떨어졌습니다.

두 달 되니까 또 그 절반이 되었습니다.

그렇게 3학년 무렵이 되었을 때까지 계속하고 있던 학생은 단 두 명이었습니다.

그 두 학생 중 한 명은 1학년 때 반에서 5등 정도 하다가 3학년 때 전교 1등을 했습니다. 다른 한 명은 반에서 20등 정도 하는 학생이었는데 3학년이 되고 반에서 5등을 했지요.

제가 아이들에게 시킨 것은 무엇이었을까요?

매일 잠들기 직전에 프랑스의 심리학자 에밀 꾸에가 만든 다음의 자기암시문을 스무 번 정도 나지막하게 되뇌고 자라는 것이었습니다.

나는 날마다
모든 면에서
좋아지고 있다.

# 계속 갈망하라

명상가이자 선(禪) 수행자인 스티브 잡스의 미국 스탠퍼드 대학교 2005년 졸업식 연설문 중 일부를 소개합니다.

여러분의 시간은 한정되어 있습니다.

따라서 다른 사람의 삶을 사느라 시간을 허비하지 마십시오.

타인의 생각의 결과물에 불과한 도그마에 빠지지 마십시오.

타인의 견해가 여러분 내면의 목소리를 삼키지 못하게 하세요.

또 가장 중요한 것은 가슴과 영감을 따르는 용기를 내는 것입니다.

이미 여러분의 가슴과 영감은 여러분이 되고자 하는 바를 알고 있습니다.

그 외의 모든 것은 부차적인 것이죠.

"Stay Hungry, Stay Foolish."

계속 갈망하라, 여전히 우직하게.

# 존버
# 정신

젊은이들에게 해줄 말을 부탁받은 이외수 씨가 무슨 말을 했을까요?

"존버 정신이 필요합니다."

존버 정신이 무엇인지 궁금하여 뜻을 물었습니다.

"네. 존나게 버티는 정신이지요."

# 작은 거인

지금도 일주일에 한 번씩 편지를 쓰는 윤지영 씨.

굳이 연필로 편지지 서너 장을 넘게 쓰는데 받는 사람 주소는 모두 교도소입니다.

45세의 윤지영 씨가 교도소 수용자들에게 편지를 쓰기 시작한 지는 7년째. 받은 편지만 1천여 통이 됩니다.

한때의 잘못으로 교도소에 수감된 그들을 수용자라 하지 않고 편지 친구라고 부르며, 세상을 향해 저주를 퍼붓던 이들의 마음을 열어 친구가 되게 한 그녀.

손가락 힘이 없어질 때까지 평생 편지를 쓰고 싶다는 그녀는 세 살 때 척추를 다쳐 성장이 멈춘 지체장애 3급의 작은 거인입니다.

# 미운 사람
# 죽이기

100세 넘은 할아버지께 뽀빠이 이상룡 씨가 물었다고 합니다.

"미운 사람 있어요?"

"없어!"

"왜요?"

"응~ 다 죽어뿌렸어."

누군가를 미워한다는 건 결국엔 자기 자신을 미워하게 되는 셈입니다.

누군가를 미워한다면, 눈을 감고 그 사람을 떠올려 눈 코 귀 입 얼굴을 우스꽝스럽게 만들어서 바라보고는 그냥 사라지게 해보세요.

마음의 지도가 바뀌면서 깊은 차원에서 용서의 씨앗이 싹트기 시작할 겁니다.

아니면, 100세 넘게 사시든지요~

# 신사를 알아보는 방법

웰링턴은 신사를 알아보는 절대로 실패하지 않는 방법이 있다고 말했습니다.

아랫사람을 어떻게 대하는가?
아녀자에게 어떤 행동을 보이는가?

고용주는 직원을, 스승은 제자를, 장교는 부하를… 즉 자기보다 약한 사람을 어떻게 대하느냐는 것입니다.

'스완슨의 알려지지 않은 매니지먼트 룰'에는 식당 종업원에게 함부로 대하는 사람과는 절대 비즈니스 파트너가 되어서는 안 된다는 '웨이터의 법칙'이 나옵니다.

상대에 따라 태도가 달라지는 사람과는 비즈니스를 하지 말라는 것입니다.

자신보다 약하고, 못 배우고, 가난한 사람을 함부로 대해도 된다는 자세와, 어디서나 감정을 표출하는 무절제는 미성숙의 고백이라 할 것입니다.

# 나쁜 일은 빨리 훌훌

1급 시각 장애인으로 동경대 최초 박사가 된 전영미 씨가 모교인 청주 맹학교를 찾아가 강연을 했습니다.

"저에겐 나쁜 일은 빨리 잊어버리고 좋은 일은 오래 기억하는 버릇이 있어요."

# 미래가 되는 과거

"옛날 방식으로 모든 것을 본다면 결국 과거는 부활해서 다시 미래가 될 것이다."

윌리엄 제임스의 말입니다.

지금까지 해왔던 방식 그대로 한다면 변할 것은 아무 것도 없습니다.

생각이 바뀌면 행동이 바뀌고, 행동이 바뀌면 습관이 바뀌고, 결국엔 운명이 바뀐다는 유명한 이야기도 윌리엄 제임스 박사가 한 말입니다.

생각을 바꾸는 것!

만만찮은 일이지만, 가치 있는 일입니다.

# 역피해의식

억만장자인 클레멘트 스톤은 역피해의식을 실천한 사람으로 유명합니다.

역피해의식은 세상이 자신에게 좋은 일을 하려고 음모를 꾸미고 있다고 믿는 것입니다.

모든 상황이 자신의 성공을 돕거나 유익이나 교훈을 주려고 일어났다고 생각하는 방식이지요.

"세상에 일어나는 모든 일은 나를 위한 것이다."

# 파보나 마나

우리의 내면에는 괴물이 삽니다.

그 괴물은 나를 부정적인 생각으로 이끌고, 나를 그릇된 길로 이끄는 내면의 적입니다.

자주꽃 핀 건 자주 감자 파보나 마나 자주 감자
하얀꽃 핀 건 하얀 감자 파보나 마나 하얀 감자

권태응 씨의 「감자꽃」이라는 시입니다.

자주꽃 핀 건 자주 감자가 열리고
하얀꽃 핀 건 하얀 감자가 열리듯
좋은 일을 생각하면 좋은 일이 생기고
나쁜 일을 생각하면 나쁜 일이 생깁니다.

# 떨어진 문패

어느 해 8월 중순, 나는 생계로 운영하던 영어교실을 접게 되었다. 6평 규모 남짓한 자그마한 공간에서 아이들을 가르치고 있었는데, 문득 이제 그만 해야겠다는 생각이 들어 정리하게 된 것이다. 이젠 다른 돌파구가 필요했다.

생활정보지에 매물을 내놓았는데 한 달 남짓 전화 한 통 없었다. 머릿속이 사뭇 복잡했다.

학원은 2층에 있었는데 1층과 2층 사이에 조그만 플라스틱 영어교실 문패가 붙어 있었다. 건물을 넘겨주고 그 문패를 떼어서 반으로 뚝 잘라 휴지통에 버리는 모습을 하루에도 몇 번씩 상상했다.

그러던 어느 날 여름휴가를 마치고 사무실에 갔는데 세상에, 영어교실 문패가 바닥에 떨어져 있는 것이 아닌가! 분명히 좋은 징

조일 거라는 생각으로 떨어져 있던 영어교실 문패를 다시 붙였다.

그리고 곧이어 걸려온 한 통의 전화! 거의 실시간으로 찾아온 남자 선생님은 첫눈에 맘에 들었는지 바로 계약을 하자고 했다.

나는 계약을 마치고 내려가는 길에 줄곧 상상했던 대로 문패를 떼어 반을 뚝 잘라 휴지통에 넣어 버렸다.

우연의 일치였을까? 나는 대학에서 마인드컨트롤을 몇 년 간 강의한 적이 있다. 그런저런 경험을 통해 생각의 힘을 믿기에, 이 일 역시 단순한 우연의 에피소드로 치부하지는 않는다.

# 푸른
# 보리 싹

아직 남은 하얀 눈 땅 밑에
움터 오는 푸른 보리 싹 소식.
이는 필시 봄이 성큼 다가섬이다.

춥고 꽁꽁 얼어붙은 동토에도
희망의 새싹은
강한 생명력으로 꿈틀대고 있다.

여느 때처럼 눈 뜬 일요일 아침
천지는 고요한데
마음만은 넉넉하다.

# 개구리가 깨어나는 날

개구리가 겨울잠에서 깨어나는 날을 경칩이라고 합니다.

우수와 춘분 사이에서 봄이 도래했음을 알리는 날이기도 하지요.

숨어 있던 생명력이 깨어나는 날이기도 하구요.

나뭇가지에 움이 트고, 새싹이 돋아나는 생명 소식의 날

삼라만상이 깨어나는 날입니다.

마음으로 말하자면

잠재의식이 깨어나고 고정관념이 깨어지는 날이기도 합니다.

항상 깨어 있는 마음으로 하루하루를 열어야 합니다.

# 5월에

계절의 여왕이라는 5월
연둣빛 신록은 자연이 주는 아름다움을 저절로 느끼게 하고
도처에 피어난 꽃들은 봄이 무르익어 여름을 재촉합니다.

5월은 가정의 달이기도 합니다.
어린이날, 어버이날, 스승의 날, 성년의 날, 부부의 날 등 그야말로 행사가 유난히 많지요.

가족의 웃음꽃이 피어날 때 비로소 가정이라고 말할 수 있을 것입니다.
아무리 힘든 상황이 펼쳐져도 서로를 신뢰하고 아낀다면
험한 파고는 이내 잦아들 것이 분명합니다.

# 구두를 벗으면

맨발로 숲 속 걷기를 합니다.

멧새는 뻐꾹~ 깍깍~~
저 멀리 컹컹~ 개 짖는 소리

이따금씩 스치는 시원한 바람은
자연이 주는 최고의 선물이지요.

과감히 구두를 벗으면
일종의 해방감과 자유를 느낍니다.

숲은 평온과 치유의 힘이 있는
멋진 곳이지요.

# 무심천
## 無 心 川

없을 무(無), 마음 심(心)
멋진 이름이다.
어느 고인의 솜씨인지 모르겠으나
이름 하나 잘 지었다.

봄날의 무심천은 흐드러지게 피어난
벚꽃으로 많은 이들을 즐겁게
해주고 있다.

무심천
이름값 한다.

# 벚꽃과 개나리

봄날의 무심천에 활짝 핀
하얀 벚꽃과 노란 개나리의
조화가 일품이다.

벚꽃은 확 피었다가 아쉽게 후두둑 떨어진다.
화끈하다.
하여 나는 벚꽃을 사랑한다.

개나리는 보다 일찍 피어
꽃이 시든 이후에도
볼품없어진 이후에도 붙어 있다.
이런. 꼭 누구 닮았다.

진실은 벚꽃 닮았다.

아쉬움을 주지 않는가.

# 폭염

맨발로 걸어 보니
흙은 오히려 시원하고
아스팔트 길은 너무 뜨거워 발이 데일 정도였습니다.

한여름의 폭염 사태는 인간들이 만들어 낸 현상일지도 모르겠습니다.
하나뿐인 지구에 좀 더 애정을 가져 보면 어떨까요?

# 태풍

태풍은 가공할 위력 때문에 공포의 대상이 되곤 합니다.

하지만 태풍에도 장점이 있습니다.

태풍은 대기 중에 떠 있는 공해물질을 일거에 제거해 주는 기능을 합니다. 환경부가 은근히 태풍을 반기는 이유이지요.

많은 비를 뿌리기에 가뭄 해소에도 효자 역할을 합니다.

초속 20m까지는 피해보다 이익이 더 많다는 태풍.

해수 정화와 적조 현상 제거, 적도에서 생긴 대량의 에너지를 분배시켜 지구의 균형을 이루게 하는 태풍!

독도 때로는 약이 되는 법입니다.

# 부처님
# 오신 뜻

부처님 오신 뜻은 무엇일까요?

우리들 모두에게 불성이 있음을 깨달아

우리 모두가 본래 부처임을 일깨우러 오셨습니다.

너와 내가 나뉘고, 남북이 나뉘고, 종교가 나뉘고, 부모 형제 간에도 나뉘는 이 사바세계에 부처님 나투시니,

우리 모두는 모두가 부처님입니다.

아기부처가 천상천하 유아독존을 외친 뜻은

하늘 위나 하늘 아래 '참 나'가 홀로 존귀하다 하였으니

순간순간마다 깨어 있는 마음으로

당당하게 삶을 꾸려 나가야겠습니다.

# 직지,
# 마음자리를 곧장 가리키다

직지인심 견성성불(直指人心 見性成佛)

사람의 마음을 바로 보고 본래 마음자리를 깨닫게 되는 의미입니다.

직지는 바로 선(禪)을 뜻합니다.

선은 어떠한 문자와 언어로도 표현할 수 없는 생명의 자리. 우주의 진여실상(眞如實相)인 본래 마음을 뜻합니다.

마음은 모양이 없기 때문에 있다고 할 수도 없고, 없다고 할 수도 없는 자리여서 시공을 초월한 것입니다.

하나의 마음자리에서 보면 우리는 우주를 살림하고 있습니다.

일체를 하나로 보고 하나의 자리를 깨닫기 위해 쉼 없이 수행하는 삶을 살아야 할 것입니다.

# 수행자의 길

남을 포기할 것

그들의 기대나 희망을 포기할 것

그래서 스스로에게 충실하고자

결심하는 것

# 옥피리 소리와 매화

한 학인이 스승께 물었다.

"성색(聲色) 2자(字)를 어떻게 투득하오리까?"

소리와 형상 두 글자를 어떻게 구별하겠느냐는 물음이다.
이에 스승이 답했다.

"저승문처 친답착(這僧問處 親踏着)."

이 중아, 묻는 곳을 친히 밟아 이르러 보라는 것이다.
그리고 이어 말했다.

"황학루전 취옥적(黃鶴樓前 吹玉笛)하니 강성오월 낙매화(江城五

月 落梅花)라."

황학루 앞에서 옥피리를 부니 강성 땅 5월에 매화가 떨어진다는 것이다.

옥피리 소리는 무슨 옥피리 소리며 매화는 무슨 매화인가?

어느 고인이 이 대목을 설하며 이것을 바로 살필 줄 알게 된다면 망망대해에서 눈 먼 거북이가 나무를 붙잡음이라 했으니, 쉽지도 어렵지도 않은 이 도리를 한번 살피면 어떠한가.

의심이 생겨 키워 나가면 의문 덩어리가 된다.

이를 의단(疑團)이라 하는데, 어느 날 어느 시, 시절 인연을 만나서 알에서 병아리 삐약 하고 나오듯, 왕대마디 뚝 하고 부러지듯 졸지절폭지단(猝地絶爆地斷)한 소식에 의문이 문득 사라지고 한바탕 웃음꽃 터트리게 될 것이다.

이제 다시금 묻는다.

옥피리 소리는 무슨 옥피리 소리고 매화는 무슨 매화인가?

# 홧김

화가 나면 얼마나 무서울까요?

독일에서 실험을 한 적이 있습니다.

'홧김'을 모아보니 노란 액체가 나오더랍니다.

사람의 홧김 4cc 중 10분의 1인 0.4cc를 돼지 엉덩이에 주사했더니

'꽥' 하고 즉사했다고 합니다.

일노일노(一怒一老)

한 번 성내면 한 번 늙습니다.

일소일소(一笑一少)

한 번 웃으면 한 번 젊어집니다.

오늘, 웃으세요.

# 끓는 물과 찬 물

화가 났을 때의 분노 에너지는 너무도 강렬합니다.
그래서 대부분 화를 낸 후에는 후회하는 경우가 많지요.

화가 날 때는 마치 냄비에 물이 끓고 있는 것 같습니다.
이때 찬 물 한 바가지 넣으면 이내 잠잠해지지요.

틱낫한 스님이 말씀하시길
찬 물에 해당하는 것이 각성(awareness)이라고 합니다.

# 화의 본질

화를 안 내고 살 수는 없습니다.

하지만 지금 내가 화를 내고 있는지는 알아야 합니다.

마음이 하늘이라면

하늘은 청명하기도 하고

어느 날은 천둥 번개가 치고 먹구름도 끼지만

다음 날에는 다시 맑게 돌아옵니다.

내가 지금 화가 나 있다는 것을 알아야

다시 맑게 개일 수도 있습니다.

내가 지금 화를 내고 있는지 점검할 수 있는 질문이 있습니다.

별거 아닌 일에 내가 옳다고 주장한 게 몇 번인가?

내 맘대로, 내 뜻대로 안 됐던 일을 헤아려 보는 것입니다.
그것이 화의 본질이기 때문입니다.

# 공포의 본질

공포의 본질은 무지가 아닐까 합니다.

죽음이 두려운 것도
죽음 이후의 세계를 모르기 때문에 두려운 것이고
미래가 두려운 것도
어떻게 펼쳐질지 모르기 때문에 막연히 두려워하는 게 아닐까 합니다.

지나간 과거를 과감히 떨치고
미래는 단순히 미래의 영역으로 남겨 놓는다면
어느 순간 공포는 존재하지 않을 겁니다.

공포라는 놈 자체가 신기루에 불과하니까요.

# 좌우명

홀로 있을 때는 마음의 흐름을 살피고

여럿이 있을 때는 입의 말을 살펴라.

# 앗싸
# 가오리

요즘은 사람을 오리에 비유합니다.

돈도 많고 능력 있는 사람은 황금오리
돈은 없지만 다른 사람들에게 유익한 사람은 유황오리
남을 뒤에서 비웃고 험담하는 사람은 탐관오리라 합니다.

그렇다면 늘 즐겁고 웃는 사람을 뭐라 할까요?

네~ 앗싸 가오리였습니다.

# 술과의 전쟁

술에는 장사가 없습니다.

아무리 마셔도 공장에서 계속 찍어내기 때문입니다.

술을 덜 먹는 요령의 첫 번째는 충분한 식사라고 합니다.

술은 한 가지 종류만 하는 게 좋고, 대화를 많이 나누면 덜 취한다고 하네요.

2012년 9월 3일을 기해 저는 금주 선언을 했습니다.

그간 고생해 온 간(肝)에게 미안하단 말을 전합니다.

# 사자와 사슴

사자와 사슴의 승률은 어떨까요?

놀랍게도 사슴이 80%는 이긴다고 합니다.

사자의 전력질주는 500m까지만 가능하다고 하네요.

막강해 보이는 상대도 치명적인 약점이 있습니다.

이래서 세상은 살 만한가 봅니다.

# 돈, 돈, 돈

"나는 돈을 저주한다."

"나는 돈 때문에 파산했다."

돈에 관해 나쁘게 말하시는 분이 종종 있습니다. 그러나 결코 돈에 관해 나쁘게 말해서는 안 됩니다.

돈 자체는 아무 문제가 없습니다. 한때는 소금이 돈의 역할을 하기도 했고, 쌀이나 금이 쓰이기도 했지요. 소금이나 쌀, 금이 나쁜 것은 아니지 않습니까? 따라서 돈에 관해 나쁜 말을 해서는 곤란합니다. 왜냐하면 돈 또한 에너지체이기 때문에 우리가 말하는 것을 다 듣습니다. 지갑에서 만 원짜리 한 장 꺼내 볼까요? 세종대왕님 얼굴이 보입니다. 눈도 있고 코도 있고 귀도 있습니다.

돈을 사랑해야 모이게 되지, 돈을 쫓아가면 흩어지게 됩니다. 그럼 어찌해야 돈을 모으게 될까요. 머피 박사의 돈에 관한 메시지를 전해 드립니다. 하루 중 편할 때 소파 위에서나 침대 위에서 몇 번 되새겨 보면 좋습니다.

나는 돈을 좋아한다.

나는 돈을 사랑한다.

나는 돈을 기꺼이 쓰겠지만 그것은 몇 배로 불어나서 내게로 흘러온다.

돈은 좋은 것이다.

참으로 좋은 것이다.

돈은 눈사태와 같이 풍족하게 흘러온다.

나는 그것을 좋은 데 사용하겠다.

나는 나의 이익과 내 마음의 부(富)에 깊은 감사를 올린다.

머피 박사의 메시지를 반복하노라면 실제로 마음이 풍부해지고 돈도 잘 달라붙게 됩니다. 저도 궁할 때 이 메시지를 활용하곤 하는데요, 신기하게도 어디에선가 돈이 들어옵니다.

이러한 마음의 법칙을 알고 실천하게 되면 아무리 IMF 같은 사태나 국가 부도 같은 상황에서도 돈은 끊임없이 유입됩니다. 크게 손해 볼 일 없으니 한번 해보셔도 좋을 듯합니다.

# 목표

명확한 중점 목표를 가진 사람이 군중 사이를 뚫고 지나가려 하면 사람들은 한편으로 비켜서서 그를 위해 길을 터줄 테지만,

우물쭈물하고 도무지 갈피를 잡지 못하는 자가 있다면 군중은 그의 어깨를 부딪치며 자신의 길을 내주려 하지 않을 것이다.

대부분의 사람들이 목표를 막연하게 생각하지만 정작 중요한 것은 목표를 종이에 적는 것입니다.

목표가 적힌 종이를 눈에 잘 띄는 곳에 붙여 두고 아침저녁으로 자주 접해서 각인시키는 일이 꼭 필요합니다.

의기소침해질 때도 종이에 적힌 목표를 보면서 다시 힘을 내는 일!

목표는 인생의 내비게이션입니다.

# 포기하지 말라

때론 일이 잘못되더라도
힘들게 걷는 일이 모두 오르막처럼 느껴지더라도

수중에 돈은 없고 빚만 많더라도
웃음 대신 한숨만 나오더라도
근심이 무겁게 마음을 짓누르더라도
필요하다면 휴식을 취하되
결코 포기하지는 않네

묘하게 흘러가는 게 인생이라
우리 모두가 가끔 배우는 것처럼
많은 실패자들이 방향을 바꾸지만
꾸준히 계속했으면 성공할 수도 있었는데…

성공은 실패의 뒤바뀐 모습
의심의 구름 끝에 있는 은색 빛깔이네

얼마나 가까이 왔는지 알 수 없고
멀리 있는 듯 보이지만 바로 옆에 와 있을지도 모르네.

심하게 얻어맞아 정신이 없더라도 계속 싸워야 하고
가장 어려운 바로 그때가 포기해서는 안 되는 때네.

정계에서 은퇴한 80 노정객인 처칠이 모교인 맨체스터 교정에서 후배들에게 해준 명연설

"Never give up!"

결코 포기하지 말라는 처칠의 음성이 쩌렁쩌렁 울리는 듯합니다.

마지막 순간까지 포기하지 않는 것!
절망의 순간에도 지켜보는 것!!
하여 운동화 끈 질끈 동여매는 것!!!

# 도약

높이 뛰어 오르기 위해서는
어떠한 두려움도 머뭇거림도
없어야 할 것입니다.

마치 수면 위를 박차고 오른 물고기처럼…

오늘은 분명 멋진 일이 일어날 겁니다.

# 직장인 희로애락

직장인 최고의 거짓말은 "내가 회사를 그만두고 말지."

직장인을 가장 기운 내게 하는 것은 월급 인상 소식.

직장인을 가장 힘 빠지게 했던 말은 "자네 이것밖에 못하나?"

# 행복의 조건

잡코리아가 직장인을 대상으로 실시한 설문조사에 따르면 자신이 행복하다고 느끼는 직장인은 10명 중 2명밖에 되지 않는다고 합니다.

행복한 삶을 만드는 데 필요한 조건으로 경제적 여유를 택한 사람이 가장 많았고, 건강, 화목한 가정생활 등이 그 뒤를 이었습니다. 가장 큰 스트레스 요인으로는 일과 직장생활, 경제력, 무능력한 자신 등이었습니다.

세계의 정신적 지도자인 틱낫한 스님의 수행법 중 '마음 다함'이라는 것이 있습니다.

차 한 잔을 마셔도, 친구와 전화 통화를 하면서도 그 순간 자신이 하고 있는 일에 온 마음을 다해 몰입하면 누구나 행복해질 수 있다고 합니다.

『불유교경』의 말씀을 소개할까 합니다.

모든 괴로움에서 벗어나려면
마땅히 분수에 맞게 생활해야 할 것이다.

# 듣고 싶은 말

학생이 가장 듣고 싶어 하는 말 "넌 할 수 있어."

학부모가 가장 듣고 싶어 하는 말 "애들 참 잘 키웠습니다."

교사가 가장 듣고 싶어 하는 말 "선생님 수업 재밌어요."

이왕 하는 말, 기분 좋은 말로 하루를 시작하면 어떨까요?

# 성공의 3A

첫째는 Atmosphere.

우리말로 분위기라고도 하고 환경이라고도 합니다.

일을 하다 보면 서로 사소한 오해가 쌓여서 싫어하는 상사가 있을 수도 있고, 미운 후배가 있을 수도 있으며, 얄미운 동료가 있을 수도 있습니다. 그런 이미지를 마음에서 지워 버리고 새로운 이미지를 창출해야 합니다.

둘째는 Attitude.

우리말로 자세라고 합니다.

성공하기 위해서는 자세가 굉장히 중요합니다. 자세를 보면 다 알 수 있습니다. 적극적인 사람들은 눈을 보면 알 수 있고, 자세를 보면 바로 알 수 있습니다. 열려 있기 때문에 자세가 남들과는 분명히 다릅니다.

셋째는 Action.

액션은 설명이 필요 없는 행동입니다.

수많은 사람들이 많은 것을 알지만 발걸음을 떼는 것은 두려워합니다. 액션은 순전히 자신의 몫입니다. 말을 물가에 데려갈 수는 있지만 물을 먹일 수는 없다고 했듯이, 아무리 아는 것이 많고 좋은 이야기를 들어도 행동하지 않으면 아무짝에도 쓸모가 없습니다.

성공의 3A!

첫째가 분위기

둘째가 자세

셋째가 행동입니다.

# 오늘도
# 웃으며 삽니다

# 팔씨름<br>1등

온종일 기분이 꿀꿀했는데
갓 중학에 입학한 아들 녀석이 들어오더니만
아빠 닮아 반에서 팔씨름 1등 했다고~

그러고 보니 모 고등학교 전교 팔씨름왕했다는
친구 녀석을 가배얍게 넘긴 기억이 스쳐간다.

그려.
남자는 힘이여~

# 망친 중간고사

아들 녀석이 의기소침해서 집에 왔다.

첫 중간고사에서 좀 충격을 먹은 듯.

“담 번엔 오를 일만 있겠네~”

천연덕스레 말해주었더니

씨익 웃고 나간다.

차암~ 긍정적이다.

아내는 다소 쇼크 먹은 듯.

하긴 내가 봐도 참 못 봤다.

팔씨름을 반에서 1등한 걸로

위안경이나 삼아야겠다.

다음 번에는 뭔가 보여주리라.

# 아들의 투병

목이 심하게 붓고 간수치가 140이더니 이젠 300까지 올라갔다.

올해 중학생이 된 아들 녀석. 원인 모를 바이러스에 간이 심하게 손상된 모양이다.

얼마 전 뇌출혈로 쓰러졌던 우리 처남이 살아난 성모병원.

툭~ 툭 털고 다시 일어나기를….

# 오진

서울에서 아내의 전화가 왔다.

얼마 전 B형 간염으로 판정된 중학생 아들이 일시적인 현상일 뿐 B형 간염이 아니라고 한다.

몇 날 며칠을 자괴감에 힘들어 하던 아내의 목소리에 생기가 돈다.

오늘 분명 멋진 일이 일어났다.

얏호~

# 병실에서 본 아이

중학교에 다니는 아들은 입원했다 퇴원하고 재입원했다가 다시 퇴원한다.

앞에는 같은 또래의 남자 아이가 있다.

키는 효주만 하고, 몸은 빼짝 말라 있다. 말은 하지 못하고 거의 연명하는 수준이다.

집사람이 아이 때문에 상심했다가 평생을 힘들게 살아야 하는 그 아이를 보면서 많은 것을 느낀 모양이다.

언젠가 두 발이 '꼼짝 마'가 되어 기어 본 적이 있다.

그 후론 걷는다는 게 얼마나 행복한지 절감하게 되었다.

부디 열세 살 그 아이가 언젠간 툭툭 털고 일어나기를 바란다.

# 폼생폼사

중학교 아들 녀석이 카톡으로 빗을 가져다 달란다.

완전 폼생폼사다.

요 녀석 소아병동 8인실에 누워 있는데, 완전 거인이다.

# 황당무계

청원 · 청주 카카오스토리 번개팅에 갔다가 선물로 받은 샴푸와 바디워시.

거품 내어 열심히 샤워를 하고 나왔는데

아뿔싸, 샴푸로 해버렸네.

비누만 평소 쓰던 터라~

하기야 좀 이상타 했더니만

아내는 아들 녀석에게까지 전화해서 서로 막 웃고 야단이다.

다시 바디워시로 세척했다.

오늘은

졸지에 두 번 목욕재계한 셈이다.

# 오늘은
# 무슨 요일?

어느 목요일 아침의 대화

"화요일이야~" 이건 효주의 말

"수요일이야~" 이건 집사람의 말

"목요일이야~" 이건 내 말

# 설거지

간만에 설거지를 했다.

뿌듯하다.

자주하는 분들에 비하면

별거 아니겠지만

마나님이 흐뭇해하는 듯

# 금일봉

아는 형님이 점심을 같이 먹자 하여 나갔더니, 헤어질 때 금일봉을 주신다. 미리 주는 특강비라며…. 고마워서 받았다.

마침 어머니를 뵙고 간만에 그 봉투를 드렸더니, 손사래를 치다 받으신다.

비는 오는데… 불효자의 마음은 울고 있다.

# 엄마 앞에선 애기

엄마에게 전화가 왔다.

보약 꼬박꼬박 잘 먹으라고.

오히려 해드려야 하는데, 완전 거꾸로다.

언제쯤 효도할 수 있을까?

아직도 엄마 앞에서는 애기다.

# 어버이날

어머님께 카네이션 미리 달아드린다고

동생네 식구들과 저녁을 같이 했더랬습니다.

조카들은 부쩍 커 있고

어머니는 많이 야위셨네요.

효주는 "할머니 사랑해요. 축하해요." 편지를 써서 드렸구요~

아직도 일하시는 어머니를 볼 때마다 죄짓는 듯해 맘이 무겁습니다.

세상이 비록 만만찮고 내 뜻대로 되지 않는다 해도

이 또한 다듬어 가는 과정이기에

오늘은 분명 멋진 일이 일어날 거야~

# 엄마의 위대함

하루 종일 집 밖으로 한 발자국도 나가지 않았다.

오늘은 효주를 온종일 봐야 했는데, 잠깐 놀아주는 것과 온종일 놀아주는 건 차원이 다르다.

보통은 장모님이나 집사람이 보곤 했는데 두 분이 병원 가는 통에 오늘 '꼼짝 마'가 되었다.

엄마의 위대함을 새삼 느껴본다.

# 아버지

며칠 전 다섯 살배기 효주가 "사람이 죽어?"라고 묻기에

애 엄마가 "응, 100살이 되면…." 했더니 갑자기 눈물이 주렁주렁~.

아이도 죽음에 대해서는 막연히 두려운가 보다.

선친은 꽤 더울 때 돌아가셨다.

재수할 때였으니, 이미 27개 성상이 흘렀다.

아버지가 사고사로 돌아가셨을 때 천붕이 비로소 무엇인지를 깨닫게 되었다.

49세의 아까운 나이.

지금 내가 그때의 아버지의 나이가 돼서 다시 한 번 아버지를 추억해 본다.

# 보고픈 변호사 친구

두 달 가까이 쉬면서 이따금 청주 무심천 자전거 길에서 자전거를 타거나 우암산을 오르내리며 지냈다. 그러나 마음이 편한 것은 아니었다. 여전히 생계 문제가 막중한 걸림돌로 앞에 놓여 있었다. 그날 역시 집에서 당장 쓸 몇 푼이 꼭 필요한 상황이었다.

'어떻게 그 돈을 구한담….'

마침 현대 HCN 충북방송이란 곳에서 임직원을 대상으로 '신바람 나는 조직'이라는 주제로 동기부여 강의를 진행했던 동영상 CD가 있었다. 체질적으로 그쪽이 맞는지 나는 동기부여 강의를 할 때 무척이나 신명나곤 했다.

'그래 이거야!'

곧바로 강의 동영상 CD를 여러 장 복사했다. 그리고 산남동 법조 타운으로 갔다. 조금 대책 없는 일이었지만 누구든 이름을 아는 변호사 사무실에 들어가 무작정 팔 계획이었다.

그렇게 눈에 띈 간판은 마침 중학교 친구 사무실이었다. 골초인 친구는 연방 담배를 피우고 있었다.

"너, 행복하니?"

잠시 머뭇대던 친구는 시큰둥하니 대답했다.

"응."

나는 다시 말했다.

"그래도 담배는 좀 줄여라. 몸이 무슨 쇳덩이도 아니고…."

"괜찮아."

친구는 웃으면서 말했다. 사람 좋은 그 친구는 강의 동영상 CD를 20만 원에 선뜻 사주었다. 비록 2,500원짜리 복사본 CD지만 내 형편을 잘 알기에 선심을 베푼 것이다.

지금 이 글을 쓰면서도 어려울 때 도와준 그 친구 얼굴이 떠올라 자꾸 눈물이 난다. 안타깝게도 그것이 그 친구와의 마지막 만남이 된 것이다.

두 달 후, 그 변호사 친구를 다시 만난 곳은 한 종합병원 중환자실이었다. 중학교 친구 하나가 전화를 했다. 멀쩡하던 친구가 갑자기 쓰러져 병원에 있다는 거였다. 왠지 불길했다.

다음 날 나는 집으로 향하던 발길을 돌려 중환자실을 찾아갔다. 저녁 8시 30분쯤이었는데 면회시간이 끝나 못 들어간다는 걸 꼭 봐야 한다고 밀어붙여 중환자실로 들어갔다.

'아, 이런!'

친구의 얼굴엔 온통 산소호흡기와 기계장치들이 붙어 있었다. 중환자실이니 병실엔 아무도 없었다. 나는 가만히 친구의 부쩍 여윈 손목을 잡았다. 가느다란 맥박이 힘겹게 깔딱이고 있었다. 그뿐이었다. 내가 해줄 수 있는 일이라곤 아무것도 없었다. 기도밖에….

다음 날 새벽 그 친구는 다른 세상으로 떠났다. 평소 스트레스를 많이 받던 친구는 담배를 연신 무는 습관이 있었는데, 다발성 뇌출혈로 세상을 등진 것이다.

# 첫눈에 반했어~

봄비가 내려 다섯 살 되는 효주에게 물었더랬습니다.

"효주야. 비 오니 좋아?"

"응. 좋아~"

"왜 좋아?"

"응. 내리니까?"

심플한 딸의 대답에 웃고 말았습니다.

하여 또 물었지요.

"눈이 좋아, 비가 좋아?"

"눈이 좋아."

"왜?"

"첫눈에 반했어~"

빵~ 터졌습니다.

어린이는 어른의 스승인가 봅니다.

# 대형 사고

아! 대형 사고다.

집 TV 모니터가 반밖에 안 나온다.

기사님이 다녀가셨는데, 원인은 누가 물을 넣었다고…

아뿔싸!

효주가 이실직고한다. 물뿌리개로 슬슬 뿌렸다고.

범인은 효주다!

얜 옆에서 실실 웃고 있다.

# 자장가

효주가 책 한 권을 들고 쪼르르 오더니만 같이 읽자고 한다.

한참을 또박또박 읽는데 잠이 솔솔 온다.

책 제목은 "꿈나라 여행"

효주 읽는 소리가 자장가 같다.

# 애교
# 만점

집에 들어오니 효주가 다리를 주물러 주고, 허리를 밟아 주고, 수박도 챙겨 온다.

"아빠, 내가 변했지?"

애교 만점이다.

# 비 와?

"아빠 비 와? 안 와?"

"안 와~"

"근데, 왜 사람들이 우산 써?"

"(아차. 밖을 보니 비 온다) 비 와~"

# 당돌효주

전화가 왔다.

전화 받는 담당은 보무도 당당한 늦둥이 효주.

방년 5세.

외할아버지의 전화다.

"뭐하니?"

"배 아파서 병원 갈려구요."

"그럼, 약 먹어야지."

"약 먹어도 잘 안 낫네요~"

# 내가 쫌

느닷없는 다섯 살배기 효주의 말

“내가 쫌 큰 거 같애~”

“누가? 니가?”

야밤에 한바탕 웃어 봅니다.

# 먹는 법

집에 막 도착하니 효주가 하는 말

요건 갉아 먹을 수도 있고
통째로 먹을 수도 있고
깨물어 먹을 수도 있어.

무언가를 먹으면서 엄마에게 던진 말에 빵~ 터졌습니다.
하여간 웃기는 앱니다.

# 여자의
# 마음

애 엄마가 없어 볶음밥 곱빼기 하나 시켰더니 새우 두 마리 들어 있다.

효주가 두 개 달라기에 하나씩 나누어 먹는 거라고 하며 하나만 주었더니 토라져서 뒤돌아 밥 먹는다.

에휴~ 여자의 마음이여!

# 아빠
# 어디 가?

아침에 집을 나설 때마다 효주가 꼭 묻는다.

"아빠, 어디 가?"

"어디 가는 거 같애?"

"방송"

"어~"

"잘 다녀오세요~"

오늘 아침도 똑같다.

# 똑같은 반찬

제 생일이라고 온 가족이 모였네요.

효주가 똑같은 반찬이 여러 번 오르자 했던 말 때문에 한바탕 웃었습니다.

"똑같은 반찬을 계속 먹으니까 기운이 없어. 그만 멈춰!"

# 애썼어

고단한 몸을 이끌고 집에 막 들어서니
장모님이 "애썼네~" 하십니다.
옆에 있던 효주가 바로
"애썼어~"
따라하는 바람에 빵~
애땜에 웃지요.

# 용쓰고 삽니다

요샌 우리 효주에게 건수가 생겼네요.

아빠를 도와 책 속표지에 '용(龍)' 자를 쓰기 좋게 한 권 한 권 갖다 주는데, 요놈이 재미를 붙였는지 하는 말.

"아빠~ 용 써요."

요즘 우리는 부녀가 용쓰고 삽니다.

# 흑룡의 해를 맞으며

임진년이 밝았다. 60년만의 흑룡의 해라 하여 연일 호들갑이다. 올해를 흑룡이라 일컫는 까닭은 천간임수가 오행으로 치면 북방수에 해당하여 흑색이 되고, 지지인 진토가 12지 중 용에 해당하여 흑룡이라 하는 것이다. 사실 엄밀히 따져본다면 임진년은 돌아오는 입춘부터 새로운 절기가 시작되니 아직은 좀 이른 감이 있다고 하겠다. 하지만 이미 새해가 시작되었으니 사람들 마음속에 각자 용 한 마리씩은 챙겼으리라 본다.

12지 동물 중 유일하게 상상 속의 동물이 바로 용이다. 우리네 동양인들의 사유 속에서 용은 신비의 상징으로 많은 사랑을 받아왔다. 오죽하면 복권 구입을 앞두거나, 시험을 앞에 두고 용꿈을 최고로 치지 않는가. 하기야 태몽도 용꿈 하면 길몽이라 하여 집안에 경사가 되는 형국이고, 두고두고 집안의 내력으로 자랑삼는다.

서양인들이 보는 용은 좀 다른 듯하다. 드래곤(Dragon)이라 하여 좀 심술궂은 존재로 등장하니 같은 용이라도 동서가 분명히 다른 것을 보면 문화의 차이를 엿볼 수 있다 하겠다.

불가(佛家)에서도 전통적인 민속신앙과 일찌감치 합치했던 터라 용에 대한 상징성은 대단한 위치를 점하고 있다. 바닷가에 사는 주민들은 용신을 섬김으로써 항상 위험에 처한 불안감을 달래려 했다는 점에서 용은 이미 신앙의 대상이기도 하다.

이제 토끼의 해가 가고, 바야흐로 용의 해가 도래했다. 여기서 문제 하나 드릴까 한다.

"토끼는 어디로 가고, 용은 어디로부터 왔는가?"

만일 누가 나에게 묻는다면 이렇게 대답해 보겠다.

"토끼 뿔 나고 용 날개 펴는 곳이다."

새해 희망의 용 하나가 이미 솟구쳐 올랐다. 독자 여러분의 가슴 가슴마다 희망의 싹 하나 잘 키우시기 바란다.

「임진년 새해 아침에」

아~ 새해 새아침이다.
언제부턴가 용틀임 있더니 이미 흑룡 한 마리 솟구쳐 오른다.
오늘 이 산하에 희망의 솔씨 하나 심어본다.
울울창창 청정한 솔숲 이룰 희망씨.

산청청 물철철
대한민국 금수강산 영원함이며
각자마다 품은 뜻 지킴이로다.
오늘 우리가 살아 호흡하매
흑룡의 기상이 산하를 외호하며
솔씨의 희망이 우리를 성장케 하라.
오늘 새해 아침의 호연지기가
정녕 꿈만이 아니었음을 추억케 하라!

# 생과 사의 갈림길에서

생과 사의 갈림길

간밤 내내 수술실 앞에서 지켜봐야 했습니다.

뇌출혈로 쓰러진 이제 마흔여덟 살인 손위 처남.

다행히 수술은 잘됐다고 하지만 워낙 예후가 안 좋아 열에 한 명만 정상 생활을 할 수 있다고 하네요.

그래도 기적을 믿어 보기로 합니다.

이제 스물일곱 살 되는, 어쩌면 아빠를 잃을지도 모를 조카에게 간곡히 말했습니다.

당장 담배를 끊으라고.

# 오늘을 노래하라!

뇌출혈로 쓰러졌던 손위 처남이 대수술 후 의식을 찾고 10%의 기적에 접근하던 중, 어제 뇌혈관 확장시술로 2시간 반 동안 또 수술실로 실려 갔다.

열흘 넘게 병구완에 여념 없는 심장병이 있는 장모님. 이러다 쓰러지시진 않을까 모르겠다.

중환자실에선 매일매일 사람이 죽어 나간다.
입만 뻐끔뻐끔 붕어처럼 호흡하다 실려 나간다.
먼저 간 이는 우리네 스승. 삶이 유한함을 일깨우고 간다.
하루하루 소중한 순간순간들.

2010년 7월 1일. 두 다리가 옴짝달싹 못하는 경험을 하고 나서야 비로소 걸을 수 있음이 얼마나 행복한지 모른다.

우리 오늘 살아 있음을 기뻐하라.

그리고 노래하라.

그리고 행복하라.

# 구슬픈 봄비

강의를 천안서 마치고 막 출발하려는데
울먹울먹한 목소리로 장모님께서 전화하셨다.

상태가 악화되어
처남 재수술 들어갔다고.

집사람에겐
알리지 말라는데 어쩐다.

봄비가 구슬프다.

# 간절하면 기적이…

조카에게 전화가 왔습니다.

뇌출혈로 쓰러졌던 효주 외삼촌이 중환자실에서 일반실로 옮겼다는 신나는 낭보입니다.

쓰러져 수술했을 때만 해도 10%의 기적만 바라는 처지였는데, 이제 기적이 이루어지는가 싶습니다.

아들 돌보느라 장모님은 병원에 계시고, 효주 돌보느라 집사람도 다니던 학원을 접어야 했습니다.

기적!

간절히 바라니 일어나는군요.

# 무탈이 바로 행복

청주 성모병원에 입원해 있는 효주 외삼촌 보러 왔습니다.
조카가 흥분해서 말하네요.
아직까지 최상이라고요.

의사선생님이 말씀하셨다는데, 아직 안심 단계는 아니지만 경과를 지켜보자 하네요.

잠깐 들어가 처남 얼굴을 보았습니다.
알아보고 씩~ 웃습니다.

그 사이 옆에서 곡이 터져 나왔습니다.
막 한 어머님이 돌아가셨나 봅니다.

생과 사의 갈림길
중환자실의 모습입니다.

무탈히 사는 것
행복이 별거 아닌 것 같습니다.

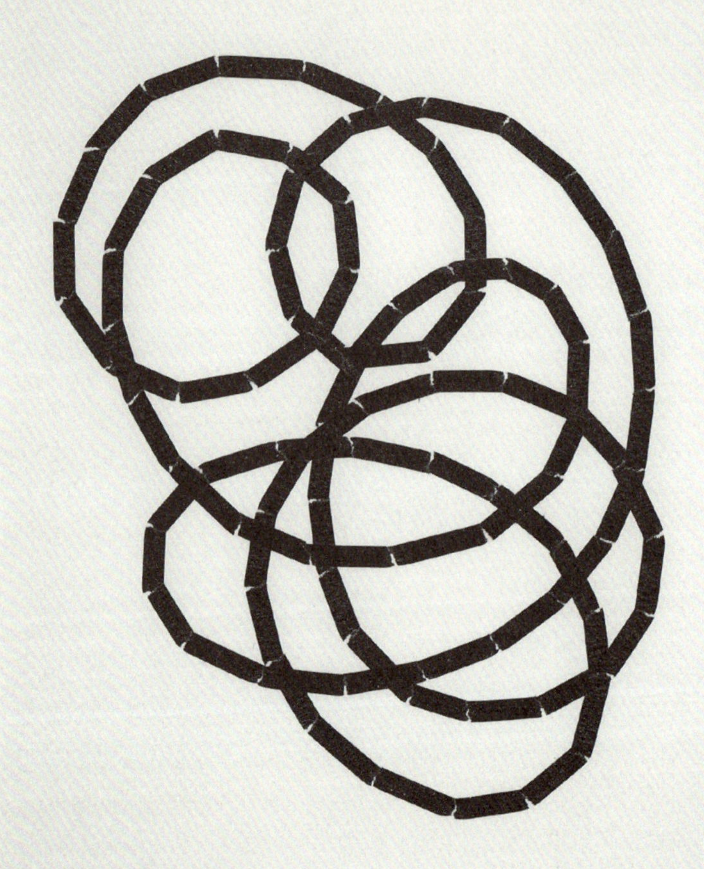

# 일어난 처남

뇌출혈로 쓰러졌던 처남과 이런저런 얘기를 나누고 있습니다.

6주간 생사의 고비를 여러 번 넘겼는데…

정말이지 꿈만 같습니다.

# 잊지 못할 날

2010년 7월 1일. 나는 이 날을 평생 잊지 못할 것이다.

내게는 효주라고 이름 붙인 늦둥이 딸이 하나 있다. 그날 아침, 그러니까 2010년 7월 1일 무렵의 효주는 세상에 태어난 지 꼭 2년 반쯤 되었다. 아내가 잠시 물건을 사러 밖에 나간 사이, 마루에서 용변을 보고 난 효주가 아빠를 불렀다. 볼일이 끝났으니 뒤처리를 해달라는 거였다. "그래" 하고 효주에게 가려던 나는 깜짝 놀라고 말았다. 두 다리가 옴짝달싹도 하지 않는 것이 아닌가. 할 수 없이 두 팔로 엉금엉금 기어가 겨우 효주의 뒤처리를 해주었다.

조금 시간이 지나고서, 병원에 가려고 일어서는데 다시 다리가 굳어 버렸다. 그렇게 조금씩 가다 쉬고 가다 쉬고를 반복하면서 겨우 병원에 갔다. 병원에서 침을 맞고 물리치료를 받은 뒤에야 비로소 걷는 일이 조금 수월해졌다. 하지만, 허리와 다리의 통증은 여전했다.

그날은 바로 청주 예술의 전당에서 시장 취임식이 있던 날이었다. 평소 인연이 있던 한범덕 청주시장의 취임식에 꼭 가야만 했다. 개인적으로 꼭 전할 말이 있기도 한 터였다. 아픈 몸을 추슬러 겨우 행사장에 참석했다가 시장님을 잠깐 만날 수 있었다. 악수를 하면서 나는 개인적으로 꼭 전하고 싶었던 한 마디를 토해냈다.

"멋진 시정 부탁드립니다."

그날 나는 잔액이 4만 원뿐인 은행계좌에서 3만 원을 찾았다. 고등학교를 함께 다닌 친구 아버님이 돌아가셔서 문상을 가야 했기 때문이었다. 돈을 찾아 막 은행을 나서는데 다시 핸드폰이 신호를 보냈다. 공교롭게도 또 다른 고등학교 동창의 어머님이 돌아가셨다는 문자였다.

할 수 없이 우선 가까운 곳에 있는 장례식장에 먼저 갔다. 그리고 은행에서 찾은 3만 원을 조의금으로 내게 되었다. 문제는 본래 쓰려던 친구 아버님 문상에 낼 돈이 없는 것! 참 난감한 일이었다.

이렇게 저렇게 궁리를 해보아도 뾰족한 방법이 떠오르지 않았다. 충북대학교 도서관 옆에 있는 연못가에서 한참 생각에 잠겨 있던 나는 번득 스치는 게 있어 친구에게 전화를 걸었다. 어머님 상중이라 고교 친구 아버님 장례식장에 참석을 못한다고 낮에 대신 내달라며 부조금 5만 원을 맡겼던 친구였다.

"친구야, 거두절미하고 지금 내가 문상을 가려는데 돈이 없다. 그래서 말인데, 네 봉투에 내 이름 좀 같이 쓸까 하는데?"

친구가 따뜻하게 말했다.

"그래라."

이것을 궁즉통(窮則通)이라 해야 하나 말아야 하나?

집으로 돌아오는 밤하늘의 별들이 유난히도 반짝이고 있었다.

# 기분 좋은 비

시원하게 쏟아지는 비를 기뻐하며 자전거를 타고 집에 들어왔다.

온몸이 비로 흠뻑 젖었지만, 기분 좋게 비를 맞으며 자전거를 탔다.

# 숲길 맨발 걷기

맨발로 집을 나섰다.

한 발 한 발 걸어 도착한 집 뒤 숲 속의 쉼터.

막판 언덕길 올라 땀을 흘리고 나면 나무 그루터기가 있다.

앉아서 쉰다. 이때 아래로부터 시원하게 부는 바람.

뭇 새들이 반기고, 청량한 바람이 이마의 땀을 식힌다.

좋다.

숲은 에너지 공급처다.

산새 소리, 풀벌레 소리~

모두가 정겹다.

# 단비

비 오는 금요일 오후다.

워낙 비를 좋아하지만, 지금 듣는 이 비는 단비다.

산하가 메마르고 들판이 허기질 때, 보란 듯이 내리고 있다.

속이 다 시원하다. 이런 비는…

# 보이지 않는 곳

맨발로 집 뒤 숲 속을 걸어 내려오는 길에 휴지며 쓰레기를 줍는 한 아주머니를 보게 되었습니다.

좋은 일 하신다고 말을 붙여 보니 몇 년째 계속 해오는 일이라며 겸연쩍어 했습니다.

환하게 웃는 미소가 아름답습니다.

우리 사회가 굴러가는 것은 보이지 않는 곳에서 묵묵히 애쓰시는 분들이 존재하는 덕분이 아닌가 생각해 보았습니다.

# 한번
# 살아 보세요

무심천 자전거 길을 따라 달리다 보면 까치내라 불리는 곳에 포장마차가 하나 있습니다.

자그마한 포장마차지만 사람 냄새가 나는 곳이라 가끔씩 찾곤 합니다.

자전거 타는 분들에겐 이제 제법 알려진 명소가 되어가고 있지요.

이곳은 40대 부부의 소중한 일터입니다.

부부는 스물두 살 딸부터 네 살 아들에 이르기까지 4남매를 키우느라 열심입니다.

"충성" 하고 크게 경례를 하는 아저씨께 손님 아줌마 한 분이 "시원시원한 아저씨와 살아서 얼마나 좋겠수?" 합니다.

주인아줌마 왈, "한번 살아 보세요."

목소리가 좋다고 칭찬하는 아줌마들의 성화에 못 이겨 그리운 금강산 한 곡조 신나게 불러 보았습니다.

삶은 풀어야 할 수수께끼가 아니라 살아야 할 신비 같습니다.

# 반딧불이

옥천 안터 마을의 반딧불이 축제에 다녀왔습니다.

모두 52가구에 불과한 자그마한 산골 마을이지만, 워낙 청정지구다 보니 반딧불이가 반겨 주었습니다.

밤하늘에 쏟아지는 무수한 별들과 함께 벌어진 반딧불이의 한바탕 춤사위는 마치 환상의 세계가 펼쳐지는 듯 한 편의 영화 같습니다.

어린 시절 지천으로 흔했던 반딧불이를 일부러 찾아가야 하는 시대가 되었습니다.

그만큼 환경이 많이 오염된 반증이기도 합니다.

도심에도 반딧불이가 찾아들면 얼마나 좋을까요?

# 아줌마의 힘!

전설의 명의 화타가 1902년 전 다섯 동물을 본떠 만든 전설의 기공 화타오금희를 숲 속에서 한참 진지하게 하고 있는데, 뒤에서 속닥이는 50~60대 아줌마들의 목소리에 빵 터졌다.

"어머, 저 다리 좀 봐!"
"힘이 쎄게 생겼네!"

휴~ 간신히 웃음을 참아가며 기공을 마쳤다.
아줌마의 힘!

# 산천초목

청천면 보건소 공중보건의로 있는 후배 녀석과 식당엘 들렀습니다.

아줌마 솜씨가 좋은지 식당 안은 바글바글~

그중에서도 60대 초반으로 보이는 아저씨 두 분이 있었는데, 한 분의 말씀이 워낙 크고 시끌벅적하더군요.

수많은 말 중에 유독 귀에 들어오던 한 대목
"조강지처 버리면 산천초목이 울어~"

그 아저씨 나가자마자 저 편에 있던 누군가가 말하더군요.
"이제 산천초목이 다 조용하네."

웃음을 참으며 앞에 있던 후배에게 저도 한마디 했습니다.

"산천초목도 스트레스를 받는단다. 안개가 위로한단다."

# 산은 산이요, 물은 물이로다

얼마 전 한 식당에 붙어 있는 글귀를 보고 크게 웃은 적이 있습니다.

물은 물이요, 물은 셀프로다.

# 그림의 떡

한 모임에 갔다가 엉겁결에 요가를 하게 되었다.

실은 튀려 마음먹었는데 어찌하다 보니, 한 시간 가량 땀을 흘리게 되었다.

약속한 시간, 더디 감을 느끼며 결국 물리치료를 받고 왔다.

아무리 좋아도 내게 맞지 않으면 그림의 떡인 게다.

눈을 뜨면
天地가
광명이다

# 막연한 두려움

어렸을 때 시골에서 옻나무 만졌다가 옻이 오른 기억 때문에 그동안 옻을 막연히 두려워했던 것 같습니다.

지난 주말 도보여행 때 처음 맛본 옻순. 다행히도 무탈하여 옻닭에 과감히 도전, 역시 무탈하여 또 옻닭 집 순회에 나섰습니다.

막연한 두려움. 요게 문제인 듯하네요.

막상 부닥치면 별일 아닌 것을~

벽 같아 보여도 막상 밀면 문이 됩니다.

# 새해 목표와 건배사

정초가 되면 많은 결심들을 하게 됩니다.

저의 올해 목표는 단 하나.

최대한 집중하기 위해 딱 한 가지만 세웠습니다.

다행히도 아직까진 선방입니다.

어제는 두 차례의 술자리가 있었습니다.

첫 번째 자리에선 건배사만 했습니다.

두 번째 자리에선 끊었다(?)고 해서 넘어갔습니다.

유독 한국 사회의 공동체 의식이 강하게 자리하는 곳이 바로 술자리인데요, 그래도 정초에 세운 뜻, 올 한 해 최대한 절주하자는 소중한 생각을 품어 볼 요량입니다.

건배사를 하라기에 영어로 하겠다고 하고 말했습니다.

"원 샷~"

웃음이 터져 나왔고, 내친 김에 불어로 한 번 더 건배사를 했습니다.

"마셔 부러~"

# 습관
# 참 무섭습니다

후배한테서 전화가 왔습니다.

"형, 술 끊은 지 9일이야."

"엉. 나도 9일이야."

제가 내기하자고 했습니다.

"지는 사람이 술 사기… 아차, 밥 사기!"

습관 참 무섭습니다.

# 술에 관하여

여덟 살 무렵, 잠시 음성에 1년 정도 살 때의 일입니다. 막걸리를 꽤나 즐기시던 선친의 막걸리 심부름으로 거리가 제법 떨어진 주막거리에 가서 주전자 반 되를 사오곤 했습니다. 오는 길에 무슨 맛인가 궁금하여 홀짝홀짝 먹어 본 경험이 지금도 생생하네요.

대학도 하필이면 민족대학이라 하여 막걸리를 즐기는 학풍의 막걸리 대학에 입학하였는데, 유도부 주장(酒長)을 맡아 꽤나 마시게 되었습니다. 이 동네는 냉면 큰 사발에 그냥 원샷. 대학 입학 환영식에 1차를 거쳐 동틀 무렵 5차인지 6차인지는 가물가물하나 5명이 살아남아 포장마차에서 낄낄거리던 추억이 새삼스럽기까지 합니다.

고등학교 문학반 시절에도 막걸리 공장을 하던 친구네 집에서 검인 도장도 안 찍힌 막걸리 한 박스 가지고 신나게 먹던 추억이 있으니, 막걸리하고는 꽤나 깊은 인연이 있나 봅니다.

무수한 세월이 흐르다 보니 어느새 중년. 11월에는 포도요법을 하게 되었습니다. 우연히 조령산에서 알게 된 한 선배님과의 조우에서 17년간 포도요법을 하고 있다는 그 선배의 말씀에 공감이 가 바로 해보게 되었습니다.

생수와 포도만 먹는 단순한 방법이지만, 물론 금주 · 금연 · 금욕 · 금식이 뒤따라야 하니 만만치는 않는 포도요법입니다.

2주를 목표로 진행하였는데 워낙 컨디션이 좋아져서 내친김에 3주를 해보았습니다. 그 결과 시력이 좋아지고(아마 간이 살아나는 징조겠죠) 컨디션도 상당히 좋아져 5시간씩 산을 타도 지치지가 않았습니다. 매일매일 집 뒷산을 타면서도 거뜬해짐을 느꼈습니다. 11킬로그램의 몸무게 감량 효과는 차라리 부수적이었고, 의식의 확장이 일어나 용서하는 마음이 자리 잡게 되었습니다.

그러나 12월 들어 다시 막걸리 한 잔 마시게 됨을 시작으로 보름간의 술잔치가 시작되었습니다. 꺼져가던 배는 다시 불러 오고, 컨디션은 서서히 떨어지기 시작했습니다. 시력도 탁해지며, 무엇보다도 의식도 탁해지는 듯했습니다.

오늘 아침 문득 눈을 뜨니 1년만 술을 끊어 보면 어떨까 하는 생각이 들었습니다. 마나님께 얘기했더니 얼굴에 화색이 도네요. 아들 녀석은 딱 한마디 합니다.

“될까?”

만만치 않은 여정이 되겠으나 내년 크리스마스를 기다려 보기로 합니다.

# 사과

오늘
선배라는 겉옷 때문에
늘 끙끙대는 후배에게
진심어린 사과를 해보았습니다.
서툴기에 얼마만큼
받아들였는지는 잘 모르겠으나
다소나마 후배님의 마음이 밝아졌으면
하는 바람입니다.

# 어느
# 아픈 후배

간만에 후배 녀석이 찾아와 이런저런 사는 얘기를 들어주고 있습니다.

상처가 상당히 많은 내성적인 친구인데요, 아픔이 의외로 많더군요.

한참을 참았던 터라 많은 스토리를 쏟아냅니다.

이럴 땐 최대한 귀 기울이고 진심으로 들어주어야 할 것입니다.

몇 시간 더 대화를 나누어야 할 것 같습니다.

찾아오는 후배가 오히려 고맙지요.

# 지는 게
# 이기는 거다

그동안 소원했던 후배를 만났다.
그간의 서운함을 푸는 자리.

누군가 만났다가 좋아하고,
또 틀어지면 미워하기도 한다.

오늘 중학교에 입학하는 아들에게 아침에 해준 얘기가 있다.
친구들과 친하게 지내고 싸움 걸면 져주라고.
지는 게 이기는 거라고.

얼마나 알아들을지 모르지만
훌쩍 커버리면
이해할 날이 오리라.

# 세상 최고의 명품 옷

세상 최고의 명품 옷은 무엇일까요?

바로 '자신감'을 입는 게 아닐까 합니다.

청주남중학교에 입학하면서 내성적이던 제가 웅변을 계기로 자신감을 갖게 되며 많은 변화가 왔습니다.

중3 때는 아이들이 뽑아 준 민주 총학생회장 1호가 되기도 했지요.

학창시절.

가장 자신감을 안겨 준

모교를 사랑합니다.

# 모교 후배 앞에서

30년 만에 찾은 모교 청주고.

이 학교 58회 졸업생으로서 88회가 되는 고교 1학년 전교생 300명의 후배들에게 동기부여 특강을 하고 왔습니다.

선배라고 열심히 경청해 주고 큰 박수와 환호 죽어라 보내 준 똘망똘망한 눈망울을 결코 잊을 수 없을 것 같습니다.

고교 1학년 시절 당시 '청고인의 광장'이라는 선배 초청 특강이 있었습니다.

'언젠간 나도 저 무대에 서리라' 마음먹은 적이 있었는데, 꿈 하나를 이룬 셈입니다.

평생 잊지 못할 장면으로 추억될 것입니다.

# 깨알 스토리

영운동 자치센터에서 두 번에 걸친 '자신감 급상승 프로젝트' 특강을 했습니다.

2시간에 3만원이라는 것을 천 원 더 달래서 3만 1천 원에 하기로 하고 지역 영세 소상공인들께 열강을 했습니다.

두 번의 강의 대가로 6만 2천 원을 받았습니다.

비록 금액은 보잘 것 없다 하나 덕분에 TV까지 나오게 되었습니다.

단골집 무심천 포장마차를 찾아 지난겨울 밀렸던 외상값 5천원을 갚고, 추운 겨울나기를 한 시청 앞 자전거포 친구를 찾는 것, 늦둥이 효주도 등장합니다.

한사코 빼던 저희 집사람의 스토리가 듣고 있던 저를 몇 번 울컥하게 합니다.

넉넉한 마음, 사람 냄새 나는 KBS청주 깨알 스토리.

# 만우절에

저는 한 번도 거짓말한 적이 없습니다.

# 불면증
# 특효약

언젠가 전화를 받은 적이 있습니다.
부인이 심한 불면이라 한 달 넘게 잠을 못 이뤘다고요.
남편 분의 전화에 이리 대답했습니다.

"하룻밤 꼬박 새우고 한숨도 자지 말고 오라고 사모님께 전해 주세요."

다음 날 바로 남편 분이 전화하셨습니다.

"고맙습니다. 잠을 푹 자더군요."

불면증이 있으신 분들께 똑같이 해보라고 말씀드립니다.
오늘 밤 한숨도 주무시지 말라고요.

# 장갑

아침 출근길 자전거를 타면서 얼어붙는 손을 발견하였습니다.
결국 농협 물류센터에서 장갑을 마련해 집으로 돌아왔네요.

소중함은 대부분 잃어버리고 나서야 깨닫는 경우가 많더군요.

사소한 것이야말로 진정 위대한 것이 아닌가 합니다.

# 양파

나는 좌파인가, 우파인가?

그래, 결정했어!

난 양파여…

선거를 치르고 훗날 후회하는 분들이 많아 보입니다.

찍은 그 손을 두고두고 후회도 곧잘 하지요.

좌우를 떠나 진정 국민을 위한, 국민에 의한, 국민의 머슴이 그리운 건지도 모르겠습니다.

# 지갑 찾아주기

시외버스로 남서울 터미널에 막 내렸다.

그런데 눈에 띄는 앞자리 지갑.

목청 높여 "지갑 놓고 가신 분!"을 몇 번 외치니, 한 남학생이 허겁지겁 달려온다.

지갑을 돌려주자마자 운전기사님이 인사하신다. 강의 잘 들었다고. 예전에 강의 들으신 분 같다.

서울 도착하자마자 기분 좋다!

# 질투

요즈음 참으로 많은 사람들을 만나게 되었다.

부자도 만나고 가난한 이들도 만나고, 높은 지위에 있는 사람도 만나고 백수인 친구도 만나고…

사람들은 다 거기서 거기다.

다만 차이점은

부자들이 더 여유가 있어 보인다.

기꺼이 칭찬하고 박수친다.

적어도 이들에겐 질투가 느껴지지 않는다.

자그마한 이 차이가 차이라면 차이라 할 것이다.

질투, 무서운 독버섯 같다.

# 법정스님의 만년필

법정스님이 10여 년 쓰시던 만년필을 선물받은 강사님으로부터 대신 사인을 받았습니다.

고교시절 처음 뵈었을 때 사인 부탁드리니, 오늘은 바쁘니 다음에 해줌세 하셨는데.

그 후 뵙지 못하였죠.

오늘 법정스님을 추모합니다.

# 108배

108배를 마쳤다.

온몸에 땀이 비 오듯 쏟아진다.

부주의한 언행으로 상처 입었을

모든 존재에 참회하는 간절한 마음으로

절을 해보았다.

# 방송사고

생방송의 묘미를 맛보기도 하지만 때로는 생방송의 특성상 엮이는 때가 있습니다.

한 어르신을 인터뷰하고 있었는데, 시간을 늘리려 급조한 질문에 짤막하게 "네." 하는 한 마디. 피디님과 엔지니어 두 분이 빵 터지는 모습이 눈에 들어왔습니다.

꾹 참았지만 잇따라 터져 나오는 웃음.

"웃음이 나와서 죄송합니다."라고 급 수습했지만, 또 마감 시간 56분을 55분으로 순간 착각, 1분 동안 시그널만 하염없이 흘러갔습니다.

1분이 왜 이리 긴지요.

방송 끝나자마자 여 PD님께 무지하게 혼났습니다. "곧이곧대로 웃음이 나왔다고 하면 어떡하냐!"라구요. "감기에 걸려 죄송하다든지 해야지."라구요.

일진이 사나운 날 같습니다. 의기소침해 있다가 다시 힘을 내봅니다.

으쌰~!

# 언론인의 사명

언론인의 관심사는 공동체의 행복이어야 할 것입니다.

사람이기에 주관으로부터 자유롭지는 못하지만 늘 염두에 두어야 할 것은 붓을 들 때 적어도 마음자리를 0점 저울추에 놓아야 한다는 것입니다.

그리 안 된다 하더라도 가깝도록 애는 써야 할 것입니다.

언론인의 부단한 자기성찰만이 공동체를 행복하게 만들 것이기 때문입니다.

# 아뿔싸!

오전 8시 10분, 스튜디오에서 문득 두고 온 지갑을 알아챘습니다. 오프닝과 클로징 멘트를 적은 A4 종이를 지갑에 두기 때문에 집사람에게 급히 가져오라 했습니다.

8시 27분께, 방송국 앞에서 초조하게 기다리는데 마나님의 전화가 옵니다.

"틀렸어~"

"우씨~!"

8시 30분 생방이라 우여곡절 끝에 진행을 마치고 집에 돌아가니, 그 짧은 시간 동안에 난리가 났더군요.

잠에서 덜 깬 집사람이 허겁지겁 택시를 잡아타고 오다 보니 아차~ 자기 지갑을 가져간 것.

그래서 급히 차를 돌려 6학년 아들 기범이에게 빨리 아빠 거 가져오라 합니다.

그 와중에 처음 전화를 받은 우리 딸 "엄마~ 근데 무슨 말 하려고 그래?"

답답한 엄마 "빨랑 오빠 바꿔~"

옆에 계시던 장모님 "전화 이리 줘라~"

딸은 또 "아냐~ 오빠 바꾸래."

등굣길에 바빴던 기범이가 문을 열고 보니 마침 15층에 서 있는 엘리베이터. 급한 마음에 9층부터 다다다다~ 뛰어내려 2층에서 휙 엄마에게 던진 건 아뿔싸! 제 수첩!!

이때서야 제게 온 집사람의 전화 "틀렸어~"

# 감사패

충청권의 동맥인 국제과학 비즈니스벨트는 미래의 희망이요, 새 도약의 발판입니다. 다함께 가꿔가야 할 번영의 요람입니다. 이 요람의 뒤안길에 님의 혼이 서려 있고 열정을 쏟은 자리엔 푸른빛이 감돕니다. 고맙고 감사한 마음을 158만 도민과 함께 여기 곱게 새깁니다.

2012년 5월 16일 충청북도 지사 이시종

# 불교방송, 시사 앵커가 되다

2010년 10월 1일 금요일 오전 8시 30분.

나는 약간 상기된 얼굴로 방송국 스튜디오 마이크 앞에 앉았다. 'Air On'이라는 빨간 불이 선명히 눈에 들어왔다. 나는 내가 직접 쓴 첫 멘트를 신나게 날렸다.

"여러분, 안녕하십니까? 충북저널 967 이 시간 진행에 남불입니다. 지금까지는 이두영 앵커가 진행해 왔습니다만, 오늘부터는 제가 그 뒤를 잇게 되었습니다. 직분에 충실하라는 저희 은사님의 목소리가 귀에 쟁쟁합니다. 여러분! 세계적인 동기부여가 노만 빈센트 필 박사의 메시지를 전해 드릴까 합니다. 바쁜 일손 잠시 멈추시고 저와 함께 해주시죠. '나에게 힘이 되는 일이라면 나는 뭐든지 할 수 있다.' 한 번 더 해보겠습니다. '나에게 힘이 되는 일이라면 나는 뭐든지 할 수 있다.' 마지막으로 한 번 더 큰 소리로 해보겠습니다. '나에게 힘이 되는 일이라면 나는 뭐든지 할 수 있다.' 좋습니다. 오늘 첫 소식입니다."

뉴스 원고를 보니 얼갈이배추가 얼마고, 배추 값이 얼마고 등등 이었다. 그날은 배추 값이 14,850원으로 거의 최고조였는데, 이른바 '금배추'였던 때이기에 거의 배추 얘기만 한 듯했다. 게스트로 나온 기자도 배추를 소재로 해서 진행했기 때문에 아무튼 첫 방송은 그저 배추 생각만 난다.

방송을 마치고 스튜디오를 나서는데, 여자 PD가 한마디 했다.

"한 번만 하시지 그랬어요?"

'나에게 힘이 되는 일이라면 나는 뭐든지 할 수 있다.'라는 멘트를 두고 한 말이었다.

"원래 세 번 하는 겁니다."

나는 천연덕스럽게 대답하고 웃으며 나왔다.

**남불의 자기 진단 리스트**

# 오늘 하루

1. 오늘 난 얼마나 행복했나?

2. 오늘 하루는 의미가 있었나?

3. 하루를 잘 계획하고 실천했나?

4. 명상과 긍정적인 생각에 몇 분을 썼나?

5. 내가 어찌할 수 없는 일에 몇 분이나 허비했나?

6. TV나 인터넷 서핑에 몇 분을 소비했나?

7. 몇 번이나 화를 내고 공격적인 말을 내뱉었나?

8. 별것 아닌 일에 내가 옳다고 주장한 게 몇 번인가?

9. 몇 시간이나 잤는가?

10. 몇 분이나 걸었나?

11. 웃어른께 안부 전화 올렸는가?

12. 오늘 몸무게는 몇 kg이었나?

13. 아내를 얼마나 챙기고 도와주었나?

14. 아이들을 위해 무얼 했나?

15. 고칼로리, 단 음식을 얼마나 먹었나?

16. 오늘 책은 몇 페이지를 읽었는가?

17. 오늘 아침 기도는 했는가?

18. 오늘 3배는 올렸는가?

19. 오늘 하루 중 몇 생각이나 일으켰는가?

20. 오늘 최후의 날처럼 치열하게 살았는가?

이 글과 인연 닿는 분의 행복을 기원합니다

힘내라, 얍!

**1판 1쇄 펴낸 날** 2012년 10월 15일

**저자** 남불
**발행인** 김재경
**기획** 김성우
**편집** 김현정
**디자인** 김현민
**마케팅** 권태형
**제작** 보현피앤피

**펴낸곳** 도서출판 비움과소통 서울시 영등포구 영등포동 29-126 포레비떼 7층 705호
**전화** 02-2632-8739
**팩스** 0505-115-2068
**이메일** buddhapia5@daum.net
**트위터** @kjk5555
**페이스북 ID** 김성우
**홈페이지** http://blog.daum.net/kudoyukjjung
**카페(구도역정)** http://cafe.daum.net/kudoyukjung
**출판등록** 2010년 6월 18일 제318-2010-000092호


**ISBN 978-89-97188-21-5 03320**

**정가 11,000원**


• 불교 또는 동양고전, 자기계발, 경제경영 관련 원고를 모집합니다.